JN410307

각하께서 이르기를

마이노리티시선 34

각하께서 이르기를

지은이 〈객토문학〉 동인
펴낸이 조정환
책임운영 신은주
편집부 김정연 오정민

펴낸곳 도서출판 갈무리 등록일 1994. 3. 3. 등록번호 제17-0161호
인쇄 2011년 10월 10일 발행 2011년 10월 20일
종이 화인페이퍼 인쇄 중앙피앤엘 제본 일진제책

주소 서울 마포구 서교동 375-13호 성지빌딩 101호
전화 02-325-1485 팩스 02-325-1407
website http://galmuri.co.kr e-mail galmuri@galmuri.co.kr

•

ISBN 978-89-6195-040-4 04810 / 978-89-86114-26-3 (세트)

값 7,000원

* 이 시집은 경상남도 문예진흥기금 일부를 지원받아 출간되었습니다.

이 도서의 국립중앙도서관 출판시도서목록(CIP)은 e-CIP홈페이지(http://www.nl.go.kr/ecip)와 국가자료공동목록시스템(http://www.nl.go.kr/kolisnet)에서 이용하실 수 있습니다.(CIP제어번호: CIP2011004274)

각하께서 이르기를

〈객토문학〉 동인 제8집

갈무리

8집을 내며

잠시 머뭇거리는 동안 해는 졌다. 해가 져도 아침이 쉬이 오지 않는 것은 어둠이 너무 짙기 때문이다.

'양극화'라는 말은 이제 일상어가 되었다. 무자비한 말, 굳이 따지지 않아도 삶의 문제는 질의 문제라고 쉽게 말들 한다. 그러나, 그러나에 주목하는 것은 현실은 현실이기 때문이다. 노동자와 정리해고, 이 불가분不可分의 관계를 어떻게 설명할 것인가? 35미터 크레인 위, 260여일이 넘도록 내려오지 못하는 한 노동자가 대변인처럼 말해주고 있다. 실종된 것이 인간성만이 아니다. 그래서 시詩가 필요하다. 그러나 시와 자본주의 사이는 양극화만큼이나 멀다.

강물은 길을 잃지 않는다. 스스로 이정표를 세우게 되리라. 몸이 말하는 곳에 길이 있음을 보여주게 되리라. 이게 순리고 역사다. 작은 희망이 모여 역사가 되듯, 지난 1년은 돌아볼 가치가 충분하다. 그것만으로도 우리에겐 위안이다.

다시 길 나서는 사람들이 아침 정류장에 붐비지만, 막상 기다리는 차는 쉬이 오지 않는다. 성급한 몇 사람이 목을 길게 빼고 있다. 무엇을 할 것인가는 큰 폭의 그림이라 쉽게 다리를 걸치지만, 어떻게 할 것인가에 다다르면 그림자를 찾아 볼 수 없다. 이게 현실이다. 현실은 언제나 실체이기 때문이다. 그래서 좌절하곤 한다.

지금, 바로, 당신의 가슴이 뜨거워지지 않는다면 우리가 걸어온 길은 영영 길이 아니다. 그래도 다행한 것은, 길을 잃고 헤매는 동안 동인들의 마음을 잡아 주는 손들이 늘었다. 그게 희망이다. 8집을 내어 놓는다. 어려운 일이지만, 한 걸음 또 떼어 놓는데, 딱 그 만큼이 위안이다.

멀리 청주에서 활동하는 〈엽서시〉 동인, 김규성, 박원희, 배병무, 이원익, 이정섭, 이종수 시인님들을 모셨다. 선뜻 옥고를 보내 주신 〈엽서시〉 동인 님들께 고마움을 전한다. 시가 필요한 시대다. 어떤 시냐의 문제지만 우린 지금까지 해 왔던 것처럼 그대로 갈 것이다.

2011년 9월

〈객토문학〉 동인

차례

2부 양극화의 시대

3부 시인의 눈과 마음

1부 〈엽서시〉 동인 초대시

김규성 · 시간이 멈추는 곳
짬뽕 짜장면

박원희 · 이빨
빨래

배병무 · 그녀의 집
현상과 본질

이원익 · 도롱뇽 벽보
생명연장의 꿈

이정섭 · 거북이가 말하길
빈 집

이종수 · 낙지 잘 잡는 병래 씨
꽃절

시간이 멈추는 곳

발가벗은 순 몸의 목욕탕엔 진화의 흔적이 있다.

거구의 체격으로 물을 맞는 사람
자신을 다잡고 의지를 불태웠을
팔뚝에 새긴 푸른 글씨 성심誠心은
전사의 의식으로 치른 보호색 의태의 흔적이고
열에 한명 무수한 사냥으로
창을 던지고 돌 도끼질하여
근육이 튕겨져 검푸른 멍이 들었다.
웅크려 굴 안에서 찢긴 부위를
혀로 쓰다듬고 우 우 울부짖던
고통의 밤이 굳어진
가슴과 배에 칼의 상처가 움푹하다.
뜨거운 안개 탕 속에 몸을 담고 눈을 감는다.
저기 중풍으로 스스로 몸을 뒤집지 못하는 노년
아들에 몸을 의지한 늙은 가슴에 늘어진 젖꼭지
숱한 도전의 상처와 보호색 본능도

눈을 감았다.

딱딱하고 날카롭게 변한 가시

온 몸에 세웠던 긴장을 순치시키고 때를 닦는다.

모든 이들이 납작하게 웅크려 때를 기다리던 때

내리던 빗물이 등짝에 흐른다.

시간이 잠시 멈춰 섰다.

짬뽕 짜장면

길다. 무릇 40년
아마도 찢어지게 가난했거나
애시당초 공부랑은 담 쌓은 반항끼 많은
열 몇 살 때부터
인생 공부는 착실히 쌓았을 성 싶다.
국자로 대갈통 맞으면서
입으로 지껄였을 숱한 말이
꼭 곱기야 했겠나
딴에는 주모라고 어린 나이에
제 부모 형제들 부양도 감내하면서
봄날 산등에서 뜯어 씹던 산마늘
매운맛이 골수에 사무쳤겠다.
위태위태한 날이 그랬듯
너나없이 헐하게 찾는 땅꽃이라
키 크지 못하는 이유

풀꽃도감이라도 사서
늦깎이 공부를 해야겠다.
흔하디 흔하여 알지 못하는

거룩한 그대의 이름
찾아 외우고 불러야겠다.

김규성 충북 보은 출생. 〈엽서시〉 동인으로 작품 발표. 현재 우체국 근무. 시집 『날짜인을 갈면서』.

이빨

이빨이 달아나려고 한다
어금니가
송곳니가
앞을 막고 있는
대문 이빨이 달아나려고 한다

그 사이 구제역이 왔다

많은 이빨들이 몸속에서
내 몸 속에서
물고 뜯고 있는 사이
서로 곪아 터지고 있는 사이
몇 발의 포탄이
머리 위에서 터졌다

사랑은 이미 키스의 기억을 잊었다
그대에게 다가갔던 기억도 잊었다

이빨이 달아나려고 한다

젊은 날은
사랑니의 고통으로 새우고
어둠을 가르는 슬픔 속에서
모두에게 사랑이고 싶었던

그 이빨은 병원에서 사라졌다

이빨이 흔들린다
저 깊은 어금니가
위장이 썩어가는 줄도 모르고
이빨의 아픔을 손가락으로
조금씩 흔들어 본다

이빨이 달아나려고 한다

벌써 한 놈은 멀리 달아나 버렸고

또 한 놈이 달아나려고 한다

빨래

나비처럼 날아 온 세월에 이빨이 흔들린다.

아내의 아버지는
런닝구 입고 벌떡이는 숨을 몰아쉬며
끝까지
아내의 아버지는 아내의 동생을
더듬이며 어루만지고

손사래 치며
빨래는
바람에 마른다.

사내들은 눈물에 젖지 않는다.
피를 뿌리며 죽어가도
사내들은 눈물에 젖지 않는다.

빨래처럼 눈물을 흘리지 않는다.

어제도 두 사내가 자살을 했다

그래도
사내들은 눈물을 두려워하지 않고

빨래는 뉴스를 들으며
마른다.
바람에 마른다.

태양의 그늘에서 마르는 빨래는
흰 빨래

태양의 빛에서 마르는 빨래는
화려한 천의 빨래

그래도 빨래는 바람에 마른다.

나비처럼 날아오는 뉴스가
빠르게 지나간다.
흔들리던 이빨이 덜컥거린다.

박원희 충북 청주 출생. 1995년『한민족문학』 신인 추천으로 작품활동. 충북작가회의 회원. 시집『나를 떠나면 그대가 보인다』.

그녀의 집

어머니의 가슴을 떠난 그녀는
별에서 눈꽃 떨어지는 겨울 밤
온 몸으로 땀 흘리며 집이 되었다
어머니의 젖, 보리밭길 같은 마음으로
들판의 잡목들 끌어 모아
튼튼한 집 한 채 만들어 놓았다

봄살에 물든 방안에 새순 돋아
햇볕 드는 창문 열어놓으며
그녀는 푸른 집이 되어간다
푸른 손으로 새순 어루만지며
저 능선의 절벽과 새소리 모두어
저 출렁이는 강물 길어와
울음과 기쁨의 비를 뿌린다

비 맞으며 아이는 스스로 일어나
최초의 언어로 기어가는 법을 배우고

삶의 뿌리를 찾아 고개 든다
고개 들면 우우우 달려오는 저 불
맞물을 끌어안고 뒹굴어야 할 그곳으로
그녀는 아이의 떠남을 위하여
소금빛 날개를 어깨에 달아준다

보행과 비행을 위하여 더
단단한 박달나무로 기둥을 세우고
가슴 속 깊은 샘물로 흙을 개
벽을 바르고 지붕을 덮는
무엇으로도 느낄 수 없는 그녀에게
별꽃 같은 마음으로 기도를 하며
바람보다 강한 갈대가 된다

현상과 본질

마흔의 계절을 이야기하듯
초등학교도 졸업 못한 동생 친구가
중화요리 집 배달사원으로 들어와
파리를 잡는다 잡아서
두 날개를 뜯어내며 사람을 괴롭힌 만큼
걸어 다녀야 된다고 그러다 그러다
얼음물에 집어넣어 기절시키기도 하다가
펄펄 끓는 물에 패대기친다

때론
전쟁이 나 세상이 뒤집혀야 된다며
얼굴 붉어지는 모습 속에서
상처가 크면 클수록 추억 아니 추억이 되어
현실에 살아 숨쉬는 가시 같다가도
케이블 TV에서 다시 보여주는
〈야인시대〉에 나오는 김두한이
야쿠자를 때려눕히는 것이 너무 좋아
배달도 안 나갔던 동생 친구

틈만 나면 할 말이 있다며
술 한잔 하자던 동생 친구에게
교회에 나가니…… 다음에 다음에
얼버무리던 어느 날
동생 친구는 나오지 않는다

아!
햇살의 이유는
조
건
없
는
빛
이
자
사랑이건만

배병무 충북 제천 출생. '한반도의 젊은 시인들 2집' 『서로 일으키는 땅』으로 등단. 시집 『구름의 뿌리』.

도롱뇽 벽보

산마루 빗물이 나가는 자리에
작은 습지가 있네

여름에 길을 정비하려고 아스팔트를 깔면서
습지로 가는 길 마지막 통로를 50cm 쯤 높였고
배수관을 묻었네
산마루라서 이곳에 무슨 생명이 살고 있으려니
하는 생각은 아무도 하지 않았네

서리가 내리던 늦가을
도롱뇽들이 줄지어 멈추어 있네
죽음의 행렬인지 모른 채
길을 찾았을 것이네
집으로 돌아와 겨울잠을 자고 싶었을 것이네

까만 아스팔트 위에서
하얗게 말라가는 도롱뇽의 꼬리를 보네

더 이상 나아가지 못한 채 멈춘, 휘어진 꼬리를 보네
산 아래까지 꼬리에 꼬리를 물고
온 몸으로 써내려간 벽보,
까만 벽에 하얗게 휘갈겨 쓴 유서를 보네
행간마다 돋는 까만 하늘

생명연장의 꿈

생명연장의 꿈 광고판 맞으면
이동식 떡볶이 마차 앞에 겁도 없이 서서
나무젓가락을 둘로 쪼갠다
장작을 패듯 도끼질하지 않아도
쩍 소리도 없이 쉽게 무너지는 녀석들

종이컵에 떡볶이를 담아서
젓가락으로 먹고 함께 버리니
참 편해서 좋다 귀히 여길 무엇도 없다

떡볶이를 들고 광고판을 보며
일 년 재계약했다는 선배의 말을 듣는다
일 년 단위로 삼 년째라는 선배의 말
맵지 않은 떡볶이가 얼얼하다

종이컵이나 나무젓가락이나
마차나 선배나 모두 동패가 되는
생명연장의 꿈
하늘 참 시리게 푸르다

이원익　충북 충주 출생.『충북작가』 신인상으로 등단. 음성 한일중학교 교사.

거북이가 말하길

엄마가 준 공깃밥에는 공기가 없었어 얼굴에 아가미만 가득 했는데 공정한 규칙도 없는 허파라니 철들기 전부터 바다 깊은 곳에는 꼬리 짧은 산토끼들의 탭댄스 눈부신 바람결 숨 막히는 심해의 기억을 기어오르는 요령鐃鈴 소리 간격 넓은 물결 밖으로 밥공기도 지느러미도 힘없는 부레도 집어던지고 불현듯 골목을 버린 엄마의 날 아빠의 칼춤은 더 눈이 매웠어 쉽게 부서지는 미닫이의 칼날은 무뎌서 허파꽈리 구석에서는 가스냄새만 솔솔 연탄의 힘을 빌려 아빠의 칼춤 밑에서 기생하다가 산토끼의 흔적을 따라가다가 몇 번을 쫓겨난 바다 다시 헤엄은 칠까 없는 이름표로 숨 한 번 들이쉬고 바다는 깊을지 몰라 골목은 처음부터 없었는지 몰라 엄마도 아빠도 공깃밥의 간격을 메울 까칠한 공기도 엄마가 준 공깃밥에는

빈 집

나는 살랑거리는 공기를 숨 쉬는데요

분홍빛 커튼 안에서 노랫소리 들려요 노래와 뒤엉켜 엄마 아빠 춤추는 동안 분홍 그림자 안에서 뾰족한 아이들 무리지어 돋아나는 동안 침 묻은 노래를 먹고 검고 비린 잠을 먹고 잠꾸러기 아이들 무럭무럭 자라는 동안 뾰족한 머리로 빚은 뾰족한 노래가 커튼 밖 분홍빛 잠을 포식하는 동안

심장이 차가운 나는 둥글게 머리를 빚어 뾰족한 머리를 수도 없이 맞는데요 분홍빛 그림자 안에서 노래에 저격당한 채 매일매일 죽는데요 캄캄하게 죽어서 매일매일 살아나는데요

잠꾸러기 여우는 양지 바른 무덤에 잠들어야 하니까 분홍빛 커튼 안에서 엄마 아빠처럼 뒹굴어야 하니까 뾰족한 머리가 더 뾰족해져야 하니까

핑크를 닮은 판다로 사슴으로 또는 밍크가 되어

엄마 아빠 분홍빛 허리를 감싸 안고 춤추는 동안 맛있게 개구리 반찬이 되는 동안

나는 커튼 밖 예측할 수 없는 공기를 숨 쉬는데요 숨 쉬다가 잠 흘리는데요

이정섭 대전 출생. 2005년 『문학마당』으로 등단. 2006년 한국문화예술위원회 개인 창작지원금 수혜. 시집 『유령들』.

낙지 잘 잡는 병래 씨

태안 외항리에는
낙지 잘 잡는 병래 씨가 산다

흐물흐물하지만 뻘에서는
쇠좆만큼이나 단단해지다가
요사스러워서
귀신 홀치듯 잡자니
손에는 굳은살이 박혔다
꼭 그것이 벼락 치는 것 같아
데고 덴 자리에 비결이라면
비결이 있는 것이란다

그렇게
서울에는 세탁 잘 하는 태곤 씨류가 살고
여수에는 떡 잘 만드는 성규 씨류가 산다
그게 일 잘 하는 사람들의 호號이자 훈장이자
지번地番인 셈이다

꽃절

진천 보탑사는 꽃절이다
만뢰산 보탑으로 이름났지만
정작 꽃으로 시주하고 공양하고
예불을 드리는 절
은방울꽃 노루오줌 붓꽃 꿩의다리 원추리 솔체꽃이 보살이고
비비추 나리 무릇 맥문동 수선화 쑥부쟁이 구절초는 나한이다

초파일, 등등이 달린 소원들이 이들에겐 꽃구경이다
별별 사연 다 있다고 워디 사는 누구는 만수무강이랴
아무개는 자석들 시집 장가 잘 가는 게 소원이랴
이름 석자만 보아도 다 알아모시겠다는
어찌 부처 관음이 연꽃에서만 피어오르랴
이꽃 저꽃 위에서 무장무장 올라오시느라
구경하다 절로 견불하는 꽃절

느티나무가 일주문이자 천왕문이었던 시절부터
좌판에 홍화씨 도토리가루 메밀가루 계피 율무가루라고 써
놓은
손글씨들조차 염불처럼 들리고 경처럼 읽히는

꽃절

이종수 전남 벌교 출생. 1998년『조선일보』신춘문예로 등단. 충북작가회의 회원. 시집『자작나무 눈처럼』.

2부 양극화의 시대

노민영

질량보존의 법칙*

물을 섞어 휘휘 저으면
농도가 묽어진다는

'무상급식은 포퓰리즘이다'
'반값등록금엔 나라의 미래가 없다'
'4대강 사업만이 미래의 축복이다'
질과 량이 달라질 수 있다는
끈질긴 확신을 유도하며
신물이 나도록 국민을 상대로
반복하는 실험

가장 기본적인 생존이라는 약점에
기폭제를 첨가하는 기막힌 화학작용
그 첫 순간은
늘 폭발적인 반응을 일으킨다.

인간답게 더불어 잘 살 수 있다던 말

수백 년을 이어온 역사적 사실은

속이 훤히 보이는

비커 속 새빨간 용액 같은 말

어떠한 반응에도 절대 불변하는

그 보존성

* 질량보존의 법칙(質量保存--法則) 또는 질량불변의 법칙 : 프랑스의 화학자 앙투안 라부아지가 확립한 이론으로, 화학반응이 일어나기 전과 후에 모든 질량은 항상 일정하다는 원칙.

노민영 경남 마산에서 태어남, 『경남작가』로 등단.

문영규

웃음

웃음은 파열되며 터진다 웃음은 나의
살을 찢을 정도로 팡 터지면서 쌓인 먼지나 고인
습내를 확 날려 보낸다 이것은 훈련용 웃음탄이
아니라 실사격용 웃음탄이다

저기 세상의 참호 속에 네가 있다 너는 때 묻은 군복에
구식 칼빈을 멘채로 끄덕끄덕 졸고 있구나
일년 삼백육십오 일을 내내 참호 속에 서서
가족들에게는 식량도 겨우 보급하는 너
이웃 참호에 있는 나는
너를 향해 웃음탄의 안전핀을 뽑는다
너 또한 나의 참호 속으로 웃음탄을 던져라
날아오르는 살점처럼 아프게 웃자

너와 내가 산화하는 자리에 꽃이 핀다
웃음꽃 으하하하하하 하하하하하하
　　　우헤헤헤헤헤헤 에헤헤헤헤헤

문영규 경남 합천에서 태어남, 시집 『눈 내리는 저녁』 등.

박덕선

그림자놀이

도도새가 있었다.
경쟁할 줄 몰라서
멸종되고 말았다.

사람들이 있었다.
배경이 없으면
경쟁 할 수도 없다.
그림자를 갖지 못한다.
그림자가 없으면
유령이다.

경쟁에서 지면
이름도 성도 없다
유령처럼 살아가야 한다고
아홉시 뉴스에 방이 붙고

긴 그림자를 가진 사람들이

숲을 이루자
그림자 없는 사람들은
하늘도 잃어버렸다.

박덕선 경남 산청에서 태어남, 무크지 『살류쥬』, 『여성비평』으로 등단.

배재운

공정사회

용역업체 파견 청소부로
하청업체 노무자로
알바로
궂은일 험한 일 가리지 않는 노동자들
한 시간 노동으로 버는 돈
유명상표 커피 한 잔 값도 안 되는
4320원

내일 또 누군가가 원청에서 하청으로
정규에서 비정규 노동자로 변해
한 시간 노동으로 벌 수 있는 돈
4320원

올해는 400만
내년에는 또 얼마나 더 늘어날지 모르는
미래를 강탈당한 노동자
그 목줄을 잡고

억억 버는 자들이
공정하다 억지를 부리는
최저임금 4320원

* 2011년 최저임금 4320원, 최저임금에 해당하는 노동자 400만 명에 이르고, 2012년 최저임금 인상안은 6월 30일 현재 사용자측에서 사실상 인상안을 거부하고 있음.

배재운 경남 창녕에서 태어남, 시집 『맨얼굴』 등.

이규석

덫

절대 비밀 보장
대출은 안전한 곳에서
백만 원 하루 이자 오백 원

(미끼처럼 군침 돌게 하는 것이)

전국에서
최고 싸고 최고 빠른 업체

(자꾸 망설이게 하는 것이)

자영업자 우대
온라인 가능
차량 대출 가능
전화 상담 후 즉시 대출

(마음을 더욱 부추기는 것이)

신용 불량도 대출 가능 합니다

(나를 꼭 살려줄 것 같은 것이)

친절하고 신속한 상담원
01×-7××7-4××4

전화번호를 누르는 순간

이규석 경남 함안에서 태어남, 시집 『하루살이의 노래』 등.

이상호

학습지 교사

월말이면 말수가 줄어들고
소화마저 잘 되지 않는다

교사의 사명감이나
학습의 질을 높이는 일보다
매출을 맞추고
신입생 숫자 늘이기에
전화기가 바쁘다

아이들 가르치는 선생이지만
학생들 눈치
학부모 눈치
팀장 눈치
지점장 눈치까지 봐야하는
우리는 특수고용직
학습지 교사

교육은 미래다
백년대개라는 표어 앞에
눈을 크게 뜨고
귀를 쫑긋 세운
잘 길들여진 사냥개가 되어야 하는

나는 교사인가
세일즈맨인가

이상호 경남 창원에서 태어남, 시집 『개미집』 등.

정은호

시퍼런 칼

시퍼런 칼이 따로 없다
그 어떤 방패로도 막을 수 없는

우리공장 비정규직
달수 형 만기 형 최 씨 아재
공장을 돌며 그 동안 고마웠다고
인사를 건네는데

손을 꽉 잡아 주는 것밖에
가슴을 꼭 껴안아 주는 것밖에
할 수 있는 게 없는 내가 마냥 부끄럽다

일거리가 많아도
일거리가 적어도
정규직인 우리들보다
늘 한발 먼저 칼날 앞에 목을 내미는

비정규직에겐

오히려 노동법이 시퍼런 칼이다

정은호 경남 진주에서 태어남, 시집 『지리한 장마, 그 끝이 보이지 않는다』 등.

최상해

각하께서 이르기를

어느 날 새벽 밥상에서
소리죽여 서럽게 울고 난 언니는
동생이 셋이나 있으니 맏이였던 탓에
학교선생의 꿈을 모질게 접고
나이를 속여 가며 취직을 했지

울 언니처럼 삶의 껍질을
하나하나 벗겨 본 적 있었을까
동생들을 위해 꿈을 포기해야 하거나
나이를 올려가며 취직을 해야 하는
그런 순간이 운명처럼 닥치면 그는
무슨 격언 같은 말씀을 내릴까

등록금이 비싸다고 하면
장학금 받으라 하시고
손님이 줄어서 장사가 잘 되지 않는다 하면
인터넷으로 물건을 팔라 하시고

물가가 올라 서민의 생활이 힘들다 하면
소비를 줄이라 하시는
청년 실업이 갈수록 심각하다 하면
중소기업에 취직하라 하시는

울 언니의 가슴 속에 20년이 지나도
비수처럼 꽂혀있는
가난의 하루를 펼쳐 보인다면
그는 무슨 말로 위로를 할까

십 만원도 안 되는 엄마의 품삯
아버지의 실직 때문에 나도 동생들도
한 끼 밥을 세끼로 나누어 먹어야 했던
그런 해결책쯤이야
이미 몸에 인이 박혀 버린 것을

최상해 강원 강릉에서 태어남, 『사람의 문학』으로 등단. 창신대학 음악과 플룻 전공.

표성배

신新계급

정규직
그리고 그러나,
비정규직

공장
밖에서는 그냥,
글자의 차이인지 모르지만

공장
안에서는 엄연한,
계급의 차이이다

(2011년 여기는 대한민국, 링컨의 노예해방선언이 있은 지 148년, 제정러시아 황제 알렉산드르 2세가 내린 농노해방에 관한 법령이 선포된 지 150년, 새로운 계급사회가 도래하다)

표성배 경남 의령에서 태어남, 시집『공장은 안녕하다』,『기찬 날』등.

허영옥

세상을 향해

28개의 건강한 치아로도
말랑하지 않은 세상에
부르르 떨리는 주먹을 누르며
어금니 꽉 깨물어 보지만

윗니와
아랫니 사이를 뚫어
[씨]를 뱉고

윗입술과 아랫입술이
잠깐 만났다
털어내는 소리
[발]

먹이 피라미드 하위에서
분해되지 않아 생산 할 수 없는 자들이
세상에

짓밟히는 신음소리

[씨발]

허영옥 경남 의령에서 태어남, 『경남작가』로 등단.

3부 시인의 눈과 마음

반지 팔던 날

절대 그럴 수 없다며 좀 더 기다려보자는 말에 망설이는 아내, 이십년을 고스란히 서랍 속 신혼 꿈에 젖어있던 결혼반지를 팔기로 작정 한 날, 첫 아이 가지고 끼니를 걱정하며 객지를 떠돌 때도, 흔적 없이 사라진 집안 다시 세우기 위해 빈손으로 고향에 정착을 했을 때도, 고이 간직하며 행복했던 결혼반지, 마음을 정하고도 몇 번을 만지작거리다 금은방 주인에게 넘겨주고 돌아서 오는 길, 아내의 손엔 아이들에게 보낸 학비 영수증이 꼭 쥐어져 있고, 내 가슴엔 평생 빠지지 않을 만큼 꽉 끼여 버린 그날

허이페

장례식장 한 구석
낯선 망자의 이름

故 허이페

공장에서 보낸 화환 한 개
고개 숙인 상주처럼 지킬 뿐
아무도 찾는 사람이 없다.

빈소 문패엔
그리운 이름들

처 위용정
자 허고칭
부 허추안성
모 우쇼잉
남동생 허이펑

장지 진해화장장

아무래도 이 타국에 저 이름들을
만장처럼 앞세워
뼈를 묻을 모양이다.

꿀벌

꽃 속으로 파고들었다.

감당할 수 없는 짜릿함
참고 참았던 숨이 넘어갈 지경이면
머리 겨우 드나들 공기탱크 속에서 기어 나와
연신 숨을 들이킨다.

빨간 페인트가루와 지독한 시너 냄새가 범벅이 된 몸
마음껏 숨을 쉴 수 있는 이 자유
목숨을 부지하며 살아가는 생명들

저장된 내 꿀에는
아직도 시너향이 난다.

키조개

내가 본 조개의 관자는 키조개가 단연 으뜸이었지요 키조개는 전체 육질의 팔 할이 관자였어요 아시다시피 조개의 관자란 자신의 집을 여닫을 때 필요한 기관이지요 사실은 여는 것 보다 닫는 목적으로 발달한 기관이라고 봐요 스스로의 기능 중에서 뚜껑을 닫는데 팔 할을 투자한 종은 아마 키조개밖에 없을 걸요

그때 당신에게도 관자가 있었지요
몇날며칠을 기다리며
당신의 관자가 약해지기를
내가 기다렸다는 사실을 아세요?

설거지

지상의 것은 이제 의미가 희석되고 상징도 희미해졌어요 지상파는 점점 조잡스럽고 혼탁해요 격이 떨어져요 이제부터는 위성파예요 오리온자리로부터 큰곰자리로부터예요 반짝이는 상징을 찾아 야해요 의미의 결정체를 찾아 야해요 꼭 그래야만 해요 아침에 문득 이런 생각을 했어요 설거지를 하다가 말이예요 위성안테나 같은 접시를 닦다가 말이예요 행주로 닦은 접시를 그릇 통에 넣지 않고 마음속에 넣었어요 그리곤 싱크대에 구정물을 비우고 새로 물을 받았어요

지금 접시 안테나가 수신중이예요

부재

나의 부재는 아내에게
얼마만큼의 무게일까

일박이일로 동창모임에 가면서
가봐서 좋으면 눌러 앉을 생각이니
기다리지 말고 잘 챙겨 자시라는 말과 함께
손을 흔들며 떠나는 아내를 보내고

나에게 아내의 부재는
얼마만큼의 무게일까
생각해 보았다

아내의 부재의 무게를 계산하기 위해서는
우선 그와 만나서 들여 놓았던
모든 세간을 다 꺼내야만 했다
세탁기, 냉장고, 장롱뿐 아니라
내집이라고 처음 장만했던
열세 평 주공아파트의 무게와
두 아이의 무게도 계산에 넣어야 했다

거기에다 함께 살아 온 시간의 무게까지
더하면 그의 부재의 무게는 사실상
그의 부재에서는 계산할 수 없는 것이었다
혼자서는 도저히 끄집어 낼 수 없는 것이었다

단절

아, 그렇군요.
네, 그럴 수밖에 없습니다.
다, 그런거지요.
이것이 소통이고 안정이다.

왜, 그렇지요?
그건, 아니지요.
어떻게, 그럴 수가 있나요?
(같은 ……)
둑과 둑 사이
다리의 말들이
평화를 해친다고 굳게 사람들 앞에서

세상은
흐르지 않는 물처럼
고요히 썩어 갈 것이다.

녹색 성장의 이름으로

강물을 멈추고 댐을 만들어가는 것처럼

이제 됐어?

그녀의 유서는 파랗게 독이 올랐다
이제 됐냐고!

벌겋게 우는 강을 바라보며
종일 비는 내리고
억울하면 출세하라고
윽박지르던 칠흑 같은 우레

무지개빛 희망의 고문
풀면 풀수록 짙어지는 절망
윗물에게 아랫물이 묻는다.

학교에서 도서관에서
무성한 글자 숲 속의
출세길 찾기가
윗물을 맑히는 길인지
아랫물을 흐리는 길인지

1등 성적표를 들고 들어온

그녀가 남기고 떠난 한마디

손금

손금을 본다.
가는 뿌리 끝
실금이 바르르 떤다.

가시 숲 헤치며 기진한 운명선 하나
팔목을 박차며 가로 질러 오른다.
거센 팔자길 애써 묻어 두었던
웅숭깊은 가시덤불 헤치며
운명줄 거머쥐고
그네 뛰 듯
푸른 맥이 뛴다.

지능선을 넘고 감정선을 넘어
운명의 푸른 선 넘넘실 오르고 있다.
손바닥 어지러운 선아래
움츠렸던 야망이 머리를 턴다.
심장박동이 뛰고
죽지뼈가 근질거린다.

나무가 일어선다.

내 잎맥의

씩씩한 물관부.

공중목욕탕에서처럼

와글와글 첨벙첨벙
장난치는 아이
눈 부라리는 어른
다 참을 만한 소란이다

온탕에
냉탕에 오래 있어도
냉온탕 들락 거려도
느긋하게
성질 급하게 후다닥 나가도
괜찮은
자기 원하는 만큼 만족을 얻고 나오는
공중목욕탕

왁자지껄한 거리
힘들고 팍팍해 보이는 시장 사람들에게도
따뜻한 햇볕이라도 한 바가지 안겨

푹 젖게 하고픈

느긋해진 오후

빈 접시

밥 한 공기
나물 한 접시
밥상에 오르기까지 그 정성
오롯이 받아들인 손님이 고맙다

맛있게
잘 먹었다는 인사
빈 접시 위에 고스란히 전해지는
그 마음이 고맙다

넘치는 정
배려하는 사소한 마음까지 담아
서로 나눌 수 있는
빈 접시

빈 접시 같은 사람
곁에 있어 정말 고맙다

왕왕

자유다 평등이다
그렇게 알고
그렇게 믿고 싶지만
어딜 가나
내가 모셔야 하는 왕이 있다
이름만 바뀐
나라를 다스리는 왕이 있고
회사에도 왕이 있고
가정에서도 왕이 군림하는
왕들의 세상이다

가장으로서 능력과 품위를 지킬 땐
내가 왕이 되지만
아내의 지혜가 돋보이면 아내가 왕이 되고
자식도 노력과 재능이 빛을 발하면 또한 왕 대접을 해주어야
가정이 편안해지는 게 지금 세상이다
덕도 능력도 없는 사람이
저만 옳다 목청 높이며 힘으로 왕 노릇을 하려든다면
왕왕 소리가 나고

왕왕 싸움이 나고
나라든 가정이든
결국엔 왕창 뒤집어질 수밖에 없다

평범한 하루
우리 가게엔 왕들이 왕림 하시고
티브이에서는
미친 등록금 · 물가폭탄 · 전세대란
낙동강을 가로지른 가물막이 터지는 소리
왕왕 하고 있다

화풀이

동전을 넣으면 여기서 쏘옥
저기서 쑤욱 얼굴 내미는 두더지
망치로 사정없이 머리를 내리친다

남의 땅 마구 들쑤시고 다니던 저 놈
얄밉고 괘씸한 울분 일어
나도 모르게 힘껏 내리치다
어쩌면 누굴 닮았다는 생각이 들어
더욱 망치에 힘은 실리고

어릴 적 어머니 생각이 난다
냇가에 앉아 빨래방망이로
시커먼 가난의 때 하얗게 질리도록
절었던 마음 힘껏 두들기고 두들겨
후련하게 탈탈 털어 말려내시던 것처럼

망치로 두더지를 향해 내리치는데

불쑥

내 얼굴이 올라왔다

손톱을 깎으며

숨기며 감추고 살았다

그랬다

손톱이 길고 날카로워질수록
그것은
내 것만 챙기는 부끄러움이란 걸

몰랐다

단단하고 딱딱하게 길어진 손톱
그 손톱 밑 까맣게 낀 때를 보며
감추고 있는 내 가슴속 용심 같아
조용히 부끄러움을 깎는다

새까만 때가 끼어들 공간을 깎고
까끄라기로 일어설 용심들도 깎고

당당해지고 싶다

가지런해 진 손톱처럼

꿀떡

남의 말을
찰떡 같이 너무 잘 믿는다고 나를
바보라 부른다 아내는

남의 말을
잘 믿는 바보가 될 때마다
뒤따라 온 그 무거운 짐들 앞에
아내의 한숨은 더 높아갔다

사람이
사람의 말을 믿어야할 거리에 서면
자꾸 찬바람만 무섭게 일고

나를 포기 하지 않는
걱정 담은 아내의 저 한숨소리보다
바보소리가 꿀떡처럼 더욱 맛있게
들릴 날은 언제일까

무지개

30년이 훌쩍 지난 이야기가 한창이다

무엇이 되겠다는
어떻게 하겠다는 생각도 없이
우르르 냇가로 들판으로 몰려다니던
해가 져서야 아쉬운 발길을 돌리던
아득한 날들

철공소 노동자, 가우징 노동자, 통닭집 주인,
낚시가게 사장, 버스 기사, 학습지 교사 등
아이들 아버지와 남편으로
아직 총각으로
살아가는 친구들

희망 같은 것이야 꿈꾸어 본적 없지만
무지개빛 삶 원하지도 않지만
한자리에 어울려 다시

옛 추억을 떠올리는 나이

우리들이 무지개라고
세상을 밝게 환하게 만드는 무지개라는
한 친구의 말에
왁자지껄 술잔을 높인다

술잔을 잡은 손들이 투박하다

기억하나

아직 마르지도 않은 빨래들 중
아이 점퍼 하나 사라졌다

주택가, 열어 놓은 대문으로 들어와
한순간에 사라진 것이다

잃어버린 것이 아까워 고민하는데
문득 떠오르는
기억하나

삼십 여 년 전
새벽 신문을 돌리다
옥상 오르는 계단에 널어놓은
유난히 빛나는 하얀색 운동화
반쯤 열린 대문으로 들어가
가슴에 품고 뛰고 뛰었던
몇 날 며칠 신문 배달도 못하고
그 집 근처를 못 갔던 아득한 기억

우는 아이를 달래며
점퍼를 사러 간다

아내에게도 말하지 못한
기억을 안고

소리

창문 아래에서 조근조근 말소리 들린다
내놓은 빈 병, 깡통, 폐지 담는 소리 들린다

마흔 넘은 정신지체 2급 아들과
칠순이 넘은 어머니
삐거덕 거리는 손수레 끌고
골목을 다닌다

언제쯤 어디에 재활용품이 나오는지
손금보다 더 잘 아는 골목

손수레가 무겁다고 투덜대는 아들에게
그래도 가져갈게 있어 다행이라며
달래는 소리 여전하다

밤늦게 집에 들어오다 보면
왜 같은 시간에 같은 곳에 재활용품이 쌓이는지
왜 동네 사람들이 꼼꼼히 분리수거를 하는지

아는 사람은 안다

늪

아내는
화장실 둘 달린 집으로 이사 가자 노래했고
나는
낡은 자동차를 바꿔 달라 노래했다

세 아이 키우면서
막내 놈이
화장실 급하다고 문고리잡고 매달릴 땐
똥 누다 말고 문 열고 나와야했고

비오는 날
도로 한가운데서 자동차가 멈춰서
비상깜빡이 넣어놓고
진땀 흘리며 견인차 올 때까지 팔을 흔들었다

아내와 내가 부른 노래의
끝은 어디일까

아내는 여전히 아내의 노래를 부르고
나는 나의 노래를 부르고 있다

경운기를 몰며

고향에서 매실 밭 오가며 경운기 털털 몰다보면 농부가 된 것 같아 좋다 통통거리는 경운기 소리 쌩쌩 돌아가는 도시의 궤도 따윈 관심 없다는 듯 툭 툭 가슴을 치며 묻는다

고향도 버리고, 부모도 버리고, 왜 그렇게 사느냐고?

청 매실 몇 포대 담아 싣고 돌아오는 길 내내, 통통거리는 경운기에게 답하지 못했다

그냥 이대로 푹 눌러앉고 싶다고

노을

어둠과 싸운 빛이
길게 드리웠다

밝은 곳도
어둡고 습한 곳도
선한 것도
악한 것도
온전히 비추고 온 마음
크고 넓게 세상을 껴안았다

저 붉은 강
종일토록
공장에서 보낸
우리들 귀로였으면 좋겠다

빛의 자국
빛의 귀로가
오늘따라 아름답다

블타바*

교향시**몰다우
'나의 조국'중 제2곡을 연습 할 때마다
복부 깊숙한 곳에 자리 잡은 호흡이
번번이 거칠게 끌려온다

체코 국민음악의 아버지 스메타나***가
두 귀가 먼 채로 작곡했다는
민중 대 서사시 블타바에는,
햇빛을 받아 빛나는 강이
급류에 이르러 점점 강폭을 좁혀 가는데
바위에 부딪치는 물방울은 사방으로 흩어지고
춤추는 농민들의 모습과
숲을 깨우는 사냥감을 쫓는 나팔소리
자유를 갈망하는 보헤미아의 정열
나라를 잃은 슬픔으로
프라하시를 흘러흘러 굽이치는데
게르만 민족의 압제 하에 몰다우로 불리어진 곡,

허리가 잘린 채
세월의 강을 흐르고 있는 내 조국처럼
'나의 조국'이라는 수식어가 늘 붙어 다니는
블타바,
나는 번번이 이곡을 연주 할 때
거친 호흡을 감추지 못하고
결국엔 가쁘게 몰아쉬고야 만다

* 블타바 : 체코의 강 이름 (독일 : 몰다우).
** 교향시 : 관현악으로서 문학적, 시적인 내용을 표현하는 것으로 형식에 구애받지 않으며 제목이 있는 표제음악.
*** 스메타나 : 드보르자크의 은사이며, 체코 국민음악의 아버지라 불린다. 그는 보헤미아에 민족 음악의 씨앗을 뿌리려 했기 때문에 그의 생애는 투쟁의 연속이었다. 교향시 '몰다우'를 작곡함.

평화의 이름 앞에

겨우내 목마르게 기다리고 서 있는 나무들, 미처 떨어내지 못한 몇 개의 잎들이 가벼운 몸짓으로 날아가는 눈꽃에 헝클어집니다 무뚝뚝한 바위 틈새와 차가운 밤 깊어지던 푸른 별빛이 눈의 냄새를 오래 기억 할 무렵부터, 숲의 중심에서 가장자리로 햇살이 퍼져가는 동안 숲은 바람을 따라 길을 내고 있었습니다

이 숲에는 그리 특별한 나무는 단 한 그루도 살지 않습니다 어깨가 쳐졌거나 등이 휘었거나 팔다리가 부러져도 심지어 눈이 멀었거나 귀가 들리지 않아도 햇살이 내려앉은 곳마다 순한 길이 열리고, 도대체 열리지 않을 것만 같은 길에도 연초록 잎들이 겨울 살갗을 뚫고 숲의 일원이 되고 있는 것을 저만 까맣게 몰랐습니다

금방 사라져 버릴 길 끝 벼랑에 서서 손 내미는 당신이 있다는 것도 이제야 알았습니다 순한 냄새를 기억하는 초라해 보이는 숲의 응원에 초대받으신 당신, 촛불 한 자루 켜 주실거죠?

손

슬픔과 분노로 넘실거리던
내 스무 살엔
용광로처럼 달아오른 손을 놓지 않으려고
깍지 낀 채 잠들곤 했지

애초부터 걸어본 적도 없었던 듯
무심한 일상의 벽속에 갇혀
언제부턴가
광장으로 가는 길을 잃어버렸던 시간처럼
오로지 일당을 위해
한 손엔 곤봉을 든 앳된 용역들을 보며
아르바이트나간 아들에게 문자를 보내놓고
내 손이 걸어 온 기억을 더듬었다

학생수련원에서 아이들과 보내는 시간이
보람 있다는 아들의 문자를 받고는
일렬로 늘어서 있는 어린용역들과
광장에 모인 시민들이 함께
드뷔시의 아라베스크 1번*의 아르페지오처럼

일렁일렁 파도를 타는 군상을 꿈꾸며
저 앳된 손들이
내 아들의 손인 것만 같아
슬쩍 물병을 건넨다

* 드뷔시의 아라베스크 1번 : 1888년에 발표한 피아노 곡으로 아름다운 아르페지오의 환상적인 선율로 여러종류의 악기로 연주되는 유명한 곡이다.

목련의 배경

공장 고철장을 배경으로 가지를 뻗은 목련 한 그루
볼 때마다 묻는다
화려함 뒤 눈물은 있는가
너에게도,

(나는 그의 꽃말인 '숭고한 정신과 우애' 를 믿지 않는다)
내가 믿지 않아도 그는
화사하게 피었다
처절하게 죽는다

그래서, 볼 때마다 떠난 형들이 생각나지만
그래도, 매년 멈추지 않고 꽃을 피워내는 너의 노동에
또, 가슴이 뛴다

폭식증暴食症

내가 그를 처음 보았을 때,
(그는 알몸이었다)

그의 가슴에 안겼을 때도
(그는 알몸이었다)

그리고, 그리고 수 년, 수십 년이 지나도
변함없이 알몸인 채로 두 팔을 벌리던 공장
아니지아니지 하고, 헷갈리는

내가 세월의 등만 탓하는 동안에도
(그는 여전히 알몸이었다)

내가 안겼듯
나도 안아 주고 싶다

(그러나, 그러나 내 꿈이 어디로 갔나)

그는 여전히 알몸인데

나는 갈수록 알거지가 되고 있다

밥과 망치

어릴 적 아버지 쌀을 만들고
어머니 밥을 짓는 것이 마술인 줄 알았다

밥은 피라는 은유적 해석이
내 마음을 사로잡던 한 때
실재實在와 마술 사이는
그리 멀어 보이지 않았다

밥 한 숟가락이
목구멍으로 넘어가는, 그, 순간
밥은 마술이 아니라
실재라는 것을 몸으로 알고부터
내 은유적 해석은 점점 밝게 빛났다

근육이 팽팽해지는
땀방울에 대한 시적 의미를
망치 한 번 내려치면서 부정했다면
나는 진짜 노동자가 되지 못했을 것이다

망치가 마술이 아니라
실재라는 것은
망치에 손가락이 깨져 보면 안다
깨진 손가락에서 밥알이 튀어나오고
가족들의 아침이 얼마나 우울한지

그러나, 실재가 된 망치를
가만히 쓰다듬어 보라
밥은 피라는 은유적 해석이
또, 다시, 망치를 들게 만든다는 것을
알 수 있을지 모르니

나비효과

한해의 마지막 저무는 해를 보내며
돌아보는 지나온 길
잔가지 많은 나무 같던
그 많은 길들은 어디로 가고
내 돌아보는 길
볼품없고 숨을 곳 없는
외길 한줄기인가

삭막한 바람줄기
휭- 지난다
가슴 속 잿가루 날리며
작아지는 불씨
다시 한 번 내안에서
살았노라 느낄 수 있는
해일을 일으킬
나비의 날개 짓을 기다린다

나이 먹은 사진

이삿짐을 정리하다 만난
잊혀 있던 사진 몇 장
예쁘고 즐거웠던 그 시절
보고 또 보며
거스르고 싶은 마음이
앞서 달린다

무엇을 해도
예쁘기만 하던 사진 속 아이들
이젠, 컴퓨터와 휴대 전화가 더 좋은
만족 없는 요구와 쏟아지는 불평 덩이가 되어
바쁘기만 했던 나를 따라 달렸는지
귀엽던 웃음은 희미해지고
가쁜 숨을 내 쉬며
나이를 먹어
잊고 있던 세월만큼
색이 바랬다.

단상斷想

바쁜 계절에 맞은 생일 상 위
축하 제물로 누운
노릇노릇 잘 익은 조기 한 마리
이쪽저쪽에서 콕, 콕,
그 살들을 바른다

오동통한 몸통의 살들
젓가락 끝에 이리저리 걸려 나가고
죽어서도 감히 건드리지 못한 머리와
살았을 때 바다께나 후리고 다녔을 꼬리엔
누구의 수고도 닿지 않는다

삶에 더해지는 죽음
한 생의 치열했을 한 부분을
주저 없이
내 삶으로 끌어들이는
이정교한 작업
새삼스레 살아있음의 비애로 다가와

울컥,

삶과 문학 그 경계를 넘나들며

표성배(시인)

1990년 전후 그 암울한 시대, 공장과 학교(방송대), 노동자와 학생이라는 특수한 환경 속에서 만난 우리들은 시대의 아픔에 대해 분노하고 무엇을 할 것인가에 대한 물음에 스스로 의기투합하였다. 공장에서는 노동조합 활동을 하고 학교에서는 문학 모임을 만들고 세계관을 정립하기 위해 독서와 토론과 창작이라는 틀 속에서 '객토'는 자연스럽게 만들어졌다고 본다.

마산과 창원이라는 지역적 특성도 한 몫 거들 수밖에 없었는데, 자의든 타의든 노동운동에 대한 생각이 자라나게 되고, 각종 집회나 행사장에서 노래하고 읽히게 되는 노동 문학작품을 만나게 된 것은 자연스러운 일인지 모른다. 뜨겁게 달아올

랐던 생생한 현장을 글로서 표현하고자 하는 것은 지금 생각해 보지 않아도 필연일 것이다. 특히 학교라는 틀 속에서 만나 책을 읽고 토론하는 과정에서 몸으로 느낀 생산 현장을 좀 더 실감할 수 있는 계기가 되지 않았나 생각해 본다.

우리들의 첫 만남이 바로 행동으로 옮기는 첫 발자국이었다. 먹고 사는 일과 배움에 대한 열망, 살벌한 노동 현장, 하루도 빠짐없이 쫓기던 시절, 마산 육호 광장, 창동 네거리, 코아 앞 불종 거리에서 외치고 뛰고 숨고 막걸리 잔을 부딪치며 마음과 마음이 뭉치는 것을 누가 방해할 수 있었겠는가.

동인을 결성하는 일은 좀 나중의 일이었다. 우선 '동인'이라는 폐쇄적 이름보다는 '문학회'라는 좀 느슨하고 열린 이름으로 출발하자는 의견이 많아 1990년 초에 〈객토 문학회〉를 결성하게 되었다. 그러다 1995년을 지나면서 좀 더 치열하게 삶의 문학을 지향하자는 취지에서 '동인'으로 조직의 틀을 바꾸고 동인 각자가 처해진 환경과 시대적 상황을 통해 좀 더 현장 속으로 다가가기 위한 첫 걸음을 내딛게 되었는데 이때가 참 중요한 시기였던 것 같다. 우선은 동인 내부적으로 문학이 우선이냐 아니면 운동(노동운동)이 우선이냐라는 이미 낡아 한물간 논쟁이 객토 안에 남아서 함께 문학 모임을 해 오던 몇몇 분들이 동인에 합류하지 못하고 운동 쪽으로 마음을 잡는 안타

까운 일을 겪게 되어 왜 무엇 때문에 우리가 노동 문학을 하는가? 라는 물음에 대한 논의를 한참 하게 되었는데, 이때 문학이 운동에 복무하는, 소위 목적만을 위한 문학에 대해 좀 더 깊은 논의가 있었다. 이때부터 기존에 함께 참여해 오던 방송대 후배들과의 관계도 아마 단절되기 시작한 것 같다.

즉 객토가 지향하는 노동 문학이 후배들에게 다가가지 못한 것인데, 어떻게 보면 시대적으로 노동 문학이 퇴화하고 아니 소멸해 가는 단계에 있었는데, 소위 문학 판에 이름도 올리지 못하는 지방의 문학 지망생들이 모여 동인이랍시고 이미 퇴화해 버린 노동 문학을 짝사랑하는 아주 기이한 현상이 되어 버린 것이다. 이때가 가장 '객토'에게는 어려운 시절이었지 싶다. 그 때부터 1년 정도의 공백이 있었고, 이 시기는 동인 각자가 〈마창민예총〉에 적을 두고 나름대로 각자의 문학적 세계관을 다듬어 갔던 시기라고 할 수 있다. 특히 이 시기에 동인 대부분이 지금의 '들불 문학상'의 전신인 '마창노련문학상'을 통해 자신의 문학 마당을 튼실하게 다듬어 갔으며, 동인이라는 틀을 어떻게 유지해 나가고 아무도 손잡아 이끌어 주지 않는 냉엄한 문학 판에서 우리만의 독특한 동인 활동을 해 나갈 것인가를 고민하는 시기였던 것 같다.

북돋을 것인가 북을 칠 것인가 몸이 먼저 말하다

문학회 활동을 통해 발행한 소책자가 10호까지 발행이 되었는데, 소책자의 제호가 '북'이다. 구성원 대부분이 공장에 다니는 현장 노동자이기 때문에 집회에서의 북소리는 아주 친숙하지 싶다. 제호를 '북'으로 삼고 또 '객토'를 하고 나면 땅심을 돋구고 북돋우는 일을 하는데 '북'이 우리에게 딱 맞는 말이라고 이 제호를 누군가의 제안으로 정했던 기억이 새롭다.

그렇다면 과연 객토는 북을 치든가 북을 돋우든가 뭔가를 하기는 했는가? 이런 반문을 해 보면 먼저 얼굴이 머쓱해지고 만다. 둥둥둥 북을 힘차게 쳐 보지도 못했고 그렇다고 내가 딛고 있는 현실을 바꾸어 내기 위해 땅심을 북돋우는 일 또한 그리 썩 잘 해 왔다고 말할 수 없기 때문이다. 이제 이쯤해서 동인 구성원들에 대해 이야길 좀 해야겠다.

구성원들의 이름을 거론하기 전에 우선 객토를 거쳐 간 분들이 너무나 많다는 것이다.

의기투합하여 동인을 만들고 만들어진 동인 모임을 잘 이끌어 가기 위해서는 어느 조직이나 다 그렇겠지만 연장자 분들의 노고가 있기 마련인데 '객토' 역시 그 범주에서 벗어나지는 않는다. 문영규, 배재운, 이규석 형이 서로 비슷한 연배로서 실질적인 동인 모임을 주도해 나가고 있다. 그 다음으로 정은호, 나를 포함하여 이상호 순이다. 여기다 최근 몇 년간 함께 모임을 하고자 마음을 모은 네 사람을 살펴보면 노민영, 최상해, 박덕선, 허영옥 시인이다. 그 각자의 직업과 늘 주위에서 불리어져 온 호칭에 따라 불러보면, 노민영 시인은 〈길샘문학회〉라는 문학 모임의 회장을 장기 집권한 관계로 그냥 호칭을 회장님이라 부르고 있다. 그리고 마산 중리에서 독서실을 운영하고 있다. 그리고 최상해 시인은 문학과 음악은 원래 한 몸에서 나왔다며, 문학과 음악은 기차레일처럼 떼어 생각할 수 없다는 신념으로 플룻 한 자루를 들고 창원 시내를 누비고 있다. 내 생각에는 음악보다는 문학에 좀 더 시간을 할애해 주기를 바라지만 욕심인지 모른다. 창신대학 음악과를 졸업했다. 박덕선 시인은 꽤 유명하다. 들꽃에 관한 지식은 전문가 수준을 넘어 이미 한 몸이 되었고, 인기 있는 학원 선생이기도 하다. 특히나 문창과를 졸업한 즉, 문학 공부를 정통으로 한 정통파 시인이다. 그리고 허영옥 시인은 자칭 미모를 시보다 더 앞세우지만 미모와 시, 둘 다 출중하여 우열을 가릴 수 없어 안타까울 뿐이다. 또한 '의령문학'에 없어서는 안 될 중심이 된지 오래고, 최근에는 아주 주인을 닮은 예쁜 집을 지었다며 자랑을 하는 통에 없는 시간 내서 동인들이 다녀오기도 했다. 다시 앞으로 돌아가서 문영규 형은 현재 거창에서 몸을 바로 세우기 위해 분투하고 있다. 작년 하반기부터 부실한 몸 때문에 형수님을 괴롭히고 있고, 사실 그 이후 최근에 쓴 시들이 많이 좋아졌다는 게 동인들의 중론인데 이게 또, 아이러니다. 배재운 형은 이십 년 넘게 다닌 공장에서 희망퇴직을 하고 지금은 식당을 운영하고 있다. 사실 배재운 형을 보면 바로 이 땅 노동자의 현실을 그대로 보는 산증인 같은 것이다. 아이엠에프 환란을 통해 조성된 희망퇴직에 서명하고 본의 아니게 개업한 가게가 그런대로 운영이 되는 것을 보니 형님이 아무래도 요리 솜씨는 좀 있는 듯하여 좋은 데, 사실 동인들이 좀 빈대를 붙는 날이 많다. 모임이랍시고 가게에 모여 술병만 축내는 날이 많은데, 눈 딱 감고 모임 할 때 마다 술병 수에 관계없이 1인당 만원만 술값으로 추렴하고 당당하게 걸어 나온다. 매번, 사실 이게 동인인지 모른다. 이규석 형은 연마 기계 한 대 달랑 놓고 물량 받아서 기계 돌릴 때는 노동자고 공장 셔터 내릴 때는 사장이다. 그러니까 신종 노동자라고 부르는 바로 소사장이다. 그래도 사장은 사장이라고 자주 술값을 내는 편이다. 죽 그래 주었으면 좋겠다. 그리고 정은호와 나는 같은 뱀띠로 동인이면서 친구이고 또한 문학의 길을 걷는 동지이기도 하고, 남들 다 외면하는 노동조합 간부를 아직도 하고 있는 좀 모자라는 축에 드는데, 그래도 그게 좋다. 정은호는 다 좋은데 술이 좀 약하다는 게 흠이다. 내가 대신 마셔 줄 수도 없을 때는 좀 안타깝기도 하다. 이상호는 동인들 중에 나이가 최고 어리다. 그래도 사십이 넘었다. 자동차 정비공으로 일을 하다 허리를 다쳐 3년 넘게 산재 환자로 재활 치료를

받다가 그런대로 몸이 좋아져서 지금은 학원 국어 강사로 아예 직업을 바꾸어서 활동하고 있다. 이렇게 놓고 보면 동인 개개인이 처음 시작은 다들 공장에서 출발했지만 그 공장을 아직도 다니고 있는 사람은 정은호와 나뿐이고, 나머지는 모두 직업을 바꾸었다. 이것이 바로 자본의 힘에 목구멍을 매달고 있는 증거이기도 하다. 그리고 처음 시작은 방송대 국문과 출신들로 이루어졌지만 이제는 동인의 폭을 많이 넓혀가고 있다.

동인지를 통해 세상과 소통을 시도하다

말 그대로 동인지는 동인들의 삶이 녹아 있는 작품들을 모아 만든 묶음 집이다. 이는 지금까지 그 어느 동인 단체도 그 틀을 벗어나지 못했다고 본다. 당연히 그렇게 하는 것인 줄 알고 우리도 그렇게 출발을 했다.

2000년 새 천년의 기치 아래 '객토'도 소책자 '북'을 통해 활동의 결과물을 생산해 내던 것을 반듯한 묶음 집으로 만들고자 마음을 모으고 첫 동인지 『오늘 하루만큼은 쉬고 싶다』(다움, 2000)를 묶고, 『퇴출 시대』(삶이 보이는 창, 2001)를 발행하고 나서 많은 고민을 하게 된다. 과연 동인들의 작품만으로 동인지를 만드는 것이 옳은 일이라 하더라도, 우리도 이렇게 동인지를 만들어야 하는가라는 게 그 주된 고민이었던 것 같다. 그래서 생각해 낸 것이 바로 시대 복판을 가로지르는 하나의 주제를 정하여 동인들 모두가 기획 작품을 쓰는 것이었다. 지금까지 우리가 기획한 기획 작품에는, 미국을 비롯한 다국적군에 의한 이라크 침략 전쟁 반대 시집『그곳에도 꽃은 피는가』(불휘, 2004), 팔만대장경을 통한 평화 옹호 시집『칼』(갈무리, 2006) 자본의 무차별적인 공격으로 손해배상 가압류에 맞서 분신자살한 배달호 열사 추모 시집『호루라기』(갈무리, 2003), 한미 FTA 반대를 우리의 자존인 쌀을 통해 노래한 한미 FTA반대 시집『쌀의 노래』(갈무리, 2007) 등이 있다. 이런 일련의 사업은 기존의 동인지 형식의 틀을 깨는 것이라는 부분과 폐쇄적인 동인 활동이 아니라 시대의 요구에 적극 부응하고 참여하는 동인 활동을 모색한 결과라고 나름대로 자부하는 것 중에 하나이다.

노동 문학은 살아 있다

노동 문학이 죽었는가 살았는가를 논하는 사람들이 많다. 멀쩡하게 살아 있는 사람을 놔두고 기존에 노동 문학을 좀 했다는 사람들이 다들 돌아 앉아 무관심하게 있으니, 즉 그 분들이 노동 문학에서 모습을 감추고 나니 여기저기 이름 내고 다니던 분들이 어느 날 몸과 이름을 다르게 색칠하고 나자, 아예 이름 없는 사람들이 모여서 하는 노동 문학은 노동 문학 축에도 들지 않으니 '노동 문학은 죽었다'는 표현이 사실 맞는 말인지 모른다.

그러나 엄연히 노동 문학을 하는 몇몇 그룹이 전국에 흩어져 있는데도, 어느 누구 하나 노동 문학은 죽었다는 말에 반대 하지 않는다. 또한 다시 예전에 명성이 좀 있는 사람이 노동 문학에 관심을 보이게 되자 노동 문학이 다시 살아난다고들 한다. 정녕 그러한가? 나는 의문이다. 아니 지금까지 십 몇 년을 제자리 지키며 노동 현장과 노동자들의 삶을 모습을 노래해 온 '객토' 동인들은 사실 의문이다. 동인들이 만들어 낸 개인 작품집과 동인지(기획 시집 포함) 『오늘 하루만큼은 쉬고 싶다』, 『퇴출 시대』, 『부디 우리에게도 햇볕 정책을』(갈무리, 2002), 『호루라기』, 『그곳에도 꽃은 피는가』(갈무리, 2004), 『칼』, 『쌀의 노래』, 『가뭄시대』(갈무리, 2008), 『88만원 세대』(두엄, 2009) 등이 그 물음에 대한 대답을 해 주고 있다. 물론 아직까지 개인 시집을 묶지 못한 동인들이 있지만 대부분이 개인 시집을 묶었고 지금 준비하고 있다. 문영규의 『눈 내리는 저녁』(갈무리, 2002), 이규석의 『하루살이의 노래』(갈무리, 2007), 이상호의 『개미집』(갈무리, 2007), 정은호의 『지리한 장마, 그 끝이 보이지 않는다』(갈무리, 2003), 배재운의 『맨얼굴』(갈무리, 2009), 표성배의 『기찬 날』(애지, 2009), 『공장은 안녕하다』(서정시

학, 2006) 등이 묶여졌다. 이렇게 놓고 보면 늦게 동인에 합류한 분들을 빼고 나면 실상은 동인 활동을 통해 개인의 문학 세계를 가꾸어 왔다고 보아도 될 것이다. 이런 점에서 보면 누가 뭐래도 노동 문학은 살아 있다. 노동 문학이 살았는가 죽었는가를 논의하는 게 맞는지 모를 일이다.

앞으로도 우리는 동인지를 통해 그때그때 시대에 부응하는 기획물과 좀 더 폭넓고 깊은 눈으로 세상과의 소통을 시도할 것이며, 낮지만 끊어지지 않는 목소리를 통해 노동 현장과 소외 받는 사람들의 삶을 시로 승화해 나갈 것이다. 이것이 '객토'에게 주어진 의무 같은 것인지도 모른다. 그러나 오해는 말았으면 좋겠다. 동인 각자의 삶과 직업이 2000년대 이후 시대의 흐름처럼 공장이라는 울타리를 넘어 다양해짐에 따라 시적 소재 또한 다양성이 요구되고 있다는 것을 우린 너무나 잘 알고 있기 때문이다.

'객토'가 진정 '객토'다운 것은 첫 마음을 잃지 않는 일이겠지만, 동인 개개인의 문학적 발전이 담보되는 방향으로 활동의 폭을 넓혀 가는 것도 중요하다. 모든 동인들이 한국작가회의 또는 경남작가회의의 회원으로 활동하고 있는 것도 그런 결과의 반증이지 싶다. 언제 어디서든 꿈꾸는 '객토'이기를 소망해 본다.

* 참고
2008년『시와 문화』 겨울호, 2008년『마루문학』과 2009년『진주작가』, 2009년『88만원 세대』에 게재한 것을 동인이 새로 늘어남으로써 다시 수정 보완하였음.

문영규 시집 『눈 내리는 밤』

박덕선 여성문화 동인 '살류주'
1집 『상처받은 몸』
2집 『아버지』
3집 『여성살이』
4집 『주부가출 권하는 사회』

배재운 시집 『맨얼굴』

이규석 시집 『하루살이의 노래』

이상호 시집 『개미집』

정은호 시집 『지리한 장마, 그 끝이 보이지 않는다』

표성배 시집 『아침 햇살이 그립다』
『저 겨울산 너머에는』
『개나리 꽃눈』
『공장은 안녕하다』
『기찬 날』